1日1分で顔のかたちまで変える!

奇跡の小顔マッサージ 1週間レシピ

ボディメンテナンスセラピスト

久 優子

宝島社

「顔が大きくて…」
「顔が太りやすくて…」
いいえ、それはすべてむくみです！

「顔が大きいのは生まれつき」
「太っているから仕方ない」
「顔のかたちは変えられない」
「フェイスラインがぼやけてきたのは年齢のせい」

　などと悩んでいても諦めている方はとても多いと思います。でも「顔」は変わります！　それも見違えるほど変わるんです。私のメソッドをマスターしていただければ、整形しなくても憧れの「小顔」は手に入るのです。

　私も実際に「小顔」を手に入れたひとりなのですが、「小顔」になったことで、体重は変わらないのに周りから「やせた?」と言われることが多くなり、実際よりも背が高く見られたり、若く見られることが多くなりました。それだけでも嬉しいのに、鼻筋が通り、目がパッチリし、あごのラインがスッキリとシャープになったのです。それはまるで「整形」したかのようでした。

　私はボディメンテナンスセラピスト・そして美脚トレーナーとして日々サロンワークをしています。小顔矯正サロンでもなく、（フェイシャル）エステでもなく、全身を整えるメンテナンスサロンなのですが、通ってくださるお客様はみんな顔がシャープになり、全身のバランスが整っていきます。それはリンパの流れを促進して血流を良くし、関節を調整することで、血液やリンパの流れる道を作りながら骨格の歪みを整えていく独自のメソッドがあるからです。なぜ私が小顔になれたかというと、それは「リンパ」のおかげなのです。私たちの身体は老廃物や毒素が思った以上に溜まっています。その証

[After]

[Before]

拠に私はリンパマッサージで学んだことを自分の顔で実践してる間に日々顔が小さく変化したのですから。運動や食事制限はゼロで、です。そしてサロンのお客様の多くも自然にフェイスラインがスッキリし、小顔になり、肌のキメが整い、肌がワントーン明るくなることを実感してくれています。小顔になるだけでなく肌の調子が良くなる＝表面だけのケアではない効果なのです。

私たち現代人の多くはとてもむくんでいます。では「むくみ」とはなんでしょうか？ 皮膚の下の細胞の間に余分な水分が溜まっている状態のことです。私に言わせれば、太っていると思っている方の多くは「むくみ」で太って見えていることがほとんど。そう、太っているのではなく、むくんでいる可能性が高いのです。ではむくみを解消するためには何をすれば良いのでしょうか？ 断言します。それはリンパケアしかありません!!!（顔も身体も）

私のメソッドなら、リンパケアをベースに、筋肉や骨のケアを合わせることにより、立体的な美しい小顔を手に入れることができます。むくんでいると顔は凹凸がなくなり、目は腫れぼったく、フェイスラインがぼやけてしまいます。でもむくみがなくなることで顔は彫刻のように綺麗で自然な凹凸が生まれ、目や鼻筋もはっきりし、フェイスラインがくっきりするのです。

この本では、私がサロンで行っているメソッドを紹介しています。毎日の寝る前の習慣にしていただければむくみ知らずの小顔がキープできるはず。是非、ご自身の手で生み出すその効果を体験してください。

小顔のために大事なのは「首」と「頭」

小顔になるための第一歩としてまずしなければいけないのは、「首」のケアです。なぜなら「首」には大きなリンパ（「耳下腺リンパ節」「おとがいリンパ節」）、また太い血管（静脈）があるからです。

多くの方の顔のたるみやほうれい線などの原因であるむくみは「水分」と「老廃物」によるもの。それらを解消するには首にある血管とリンパへの同時アプローチが絶大な効果を発揮するのです。

そもそも血管には「動脈」と「静脈」があり、「動脈」は栄養や酸素を身体全体に運び、「静脈」は老廃物や余分な水分を回収しています。そして「静脈」で回収しきれなかった老廃物を回収するのがリンパなのです。つまり、血管とリンパは同じ役割をしているということなのです。

そして顔のたるみを解消するためには「頭皮」のケアも忘れてはいけません。なぜなら頭皮と顔は1枚の皮膚でつながっているからです。その証拠に、頭皮が硬くなっている人の多くは「顔の歪み」を引き起こしていることが多いのです。まずは頭皮全体をゆるめるようにしましょう。頭皮がゆるむことでたるみやシワも改善されます。特に目元やフェイスラインに対しては即効性が高く、表情が明るくなり若返り効果もあります。頭には足同様、多くの反射区やツボがあるので、頭皮への刺激は身体の悩みにも効果的です。特に生え際は顔全体の筋肉のクセを取り、リフトアップに効果がありますが、それだけでなくホルモン系の反射区があるため、マッサージで刺激することで、ホルモンバランスが整う効果も！「首」と「頭」、この2つへのアプローチは基本中の基本。即効性のある「小顔スイッチ」なのです。

顔だけでなく、首を
ケアしないと顔のかたちは
変わりません！

“寝ながらできる”から
毎日続けられる！
永遠に小顔をキープできる！

「久式小顔マッサージ」は寝ながら行うのが鉄則です。みなさんのなかには顔のマッサージというと鏡の前に座って顔をもんだり、押したりというイメージがある方もいるかもしれませんが、果たして正しくポイントを押さえられていますか？そして筋肉や骨・リンパをきちんと感じられていますか？

今までは鏡を見ながらマッサージを行っていたかもしれませんが、今日から騙されたと思って〝寝ながらマッサージ〟をしてみてください。目を瞑（つむ）って、顔に指をあて、押し動かしてみてください。……ほら指先に感じませんか？まず指先で感じられるのは骨・骨格ですね。その後ゴリゴリしている老廃物が感じられ、リンパ節はブドウの房のように硬くコリコリしているはず。筋肉が硬くなっているところ、ゆるんでいるところなどなど、指先の繊細な感覚を大事にしてくだ

さい。今まで鏡を見ながらやっていた顔のマッサージとは全く違うのがわかっていただけると思います。

マッサージを寝ながら行うと、重力の影響を受け、顔は本来の骨格に沿って浮き彫りになってきます。むくみがあれば重さで下垂し、骨のまわりに溜まったり、隠れたりしている老廃物や毒素が表面に出てきます。そうなると途端に指で触りやすく、指先で感じやすくなるのです。手の自重が自然とかかるので、手や指が疲れないのも嬉しいところ！　指で圧を加えながら深部にダイレクトに効かせることができるのも寝ながらだからこそできるテクニックなのです。

寝る前にベッドで行うことで「顔」の血行を良くすることだけではなく、コリを取り、老廃物を流すだけで寝ている間に適度な皮脂が分泌され、天然保湿クリームの働きもしてくれるので、肌を乾燥から守ってくれます。そして「頭皮」のマッサージは頭の血行が良くなるので頭のコリが改善し、「脳」をリラックスさせてくれるため寝つきが良くなり、目覚めも良くなるんです。相乗効果で睡眠の質がアップすることで美肌効果も！　寝る前に横になりながらできるので、自然と習慣にしやすいのもポイントです。

こんにちは
イラストレーターの
アオノミサコです
今日は久優子さんの
小顔マッサージを
体験しに来ました！
ちなみに
ボディは
体験済み。
ところで私の長年の悩みは…
ぼわ〜〜ん
顔のむくみ!!
むくみのせいで本来よりさらに
大きい顔になってしまっていて
ただでさえ
エラもはってるのに…
最近は加齢による
まぶたの下がりも気になる
現在40代後半…
もう全体的に
スッキリ感に
欠けている!!
妹達からは
"ムクミサちゃん"とか
呼ばれる始末
お久しぶりです
よろしくお願いします！
お手やわらかに…
よろしく
お願いします
マッサージオイルをつけて
まずはエラ付近のほぐしから
耳下腺リンパ節
を広げてまーす
ぐりぐり
うう…
痛い!!
痛いのは老廃物が
たまっているから
ですよー
ここをしっかりほぐして
通り道を作りますよ

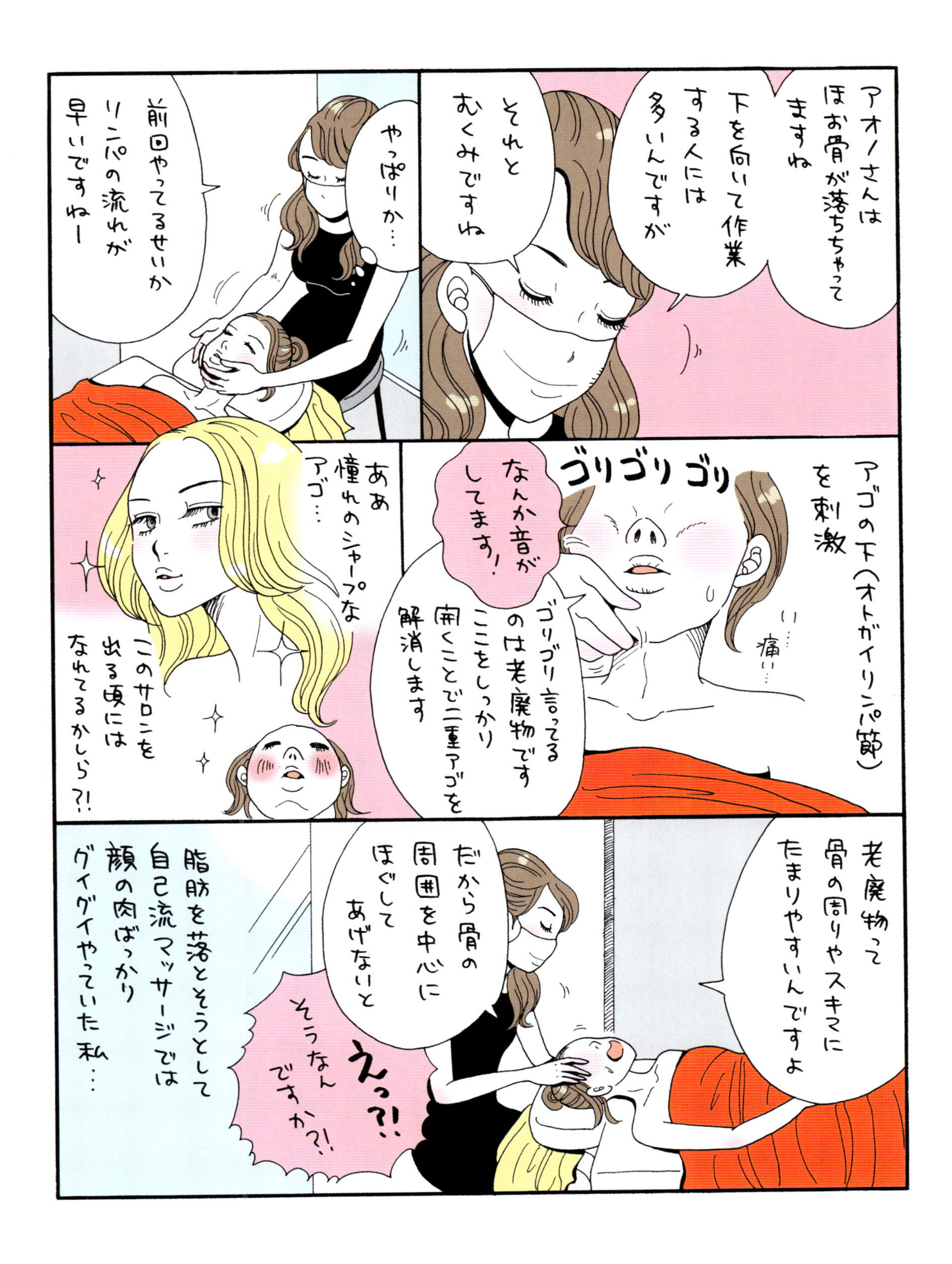
アオノさんはほお骨が落ちちゃってますね
下を向いて作業する人には多いんですが
それとむくみですすね
やっぱりか…
前回やってるせいかリンパの流れが早いですねー
アゴの下（オトガイリンパ節）を刺激
ゴリゴリゴリ
い…痛い…
なんか音がしてます！
ゴリゴリ言ってるのは老廃物です
ここをしっかり開くことで二重アゴを解消します
ああ憧れのシャープなアゴ…
このサロンを出る頃にはなれてるかしら？！
老廃物って骨の周りやスキマにたまりやすいんですよ
だから骨の周囲を中心にほぐしてあげないと
えっ？！
そうなんですか？！
脂肪を落とそうとして自己流マッサージでは顔の肉ばっかりグイグイやっていた私…

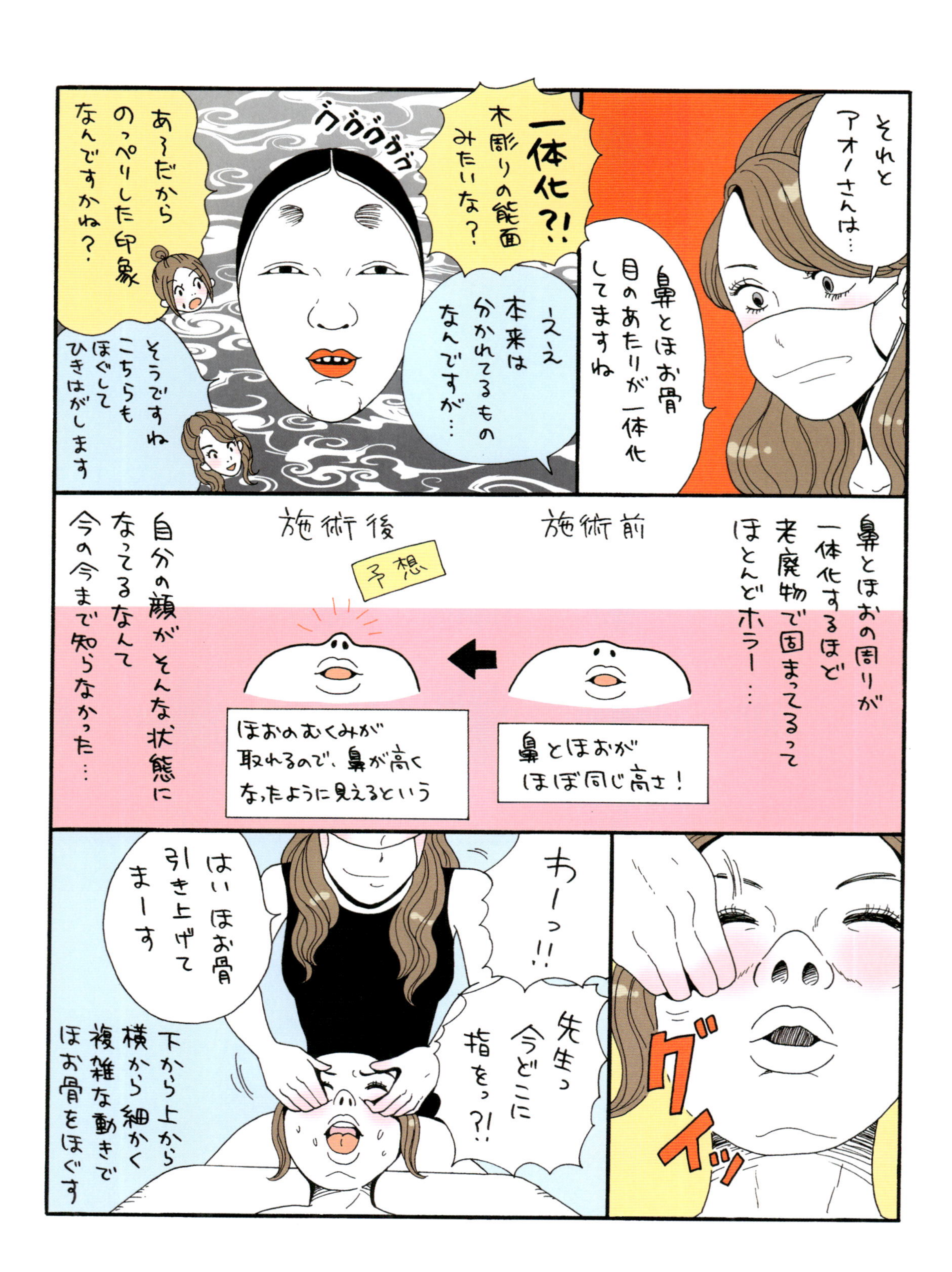

それとアオノさんは…
鼻とほお骨目のあたりが一体化してますね
一体化?!
ゴゴゴゴゴ
木彫りの能面みたいな?
ええ本来は分かれてるものなんですが…
あ〜だからのっぺりした印象なんですかね?
そうですねこちらもほぐしてひきはがします
鼻とほおの周りが一体化するほど老廃物で固まってるってほとんどホラー…
施術前
施術後
予想
鼻とほおがほぼ同じ高さ!
ほおのむくみが取れるので、鼻が高くなったように見えるという
自分の顔がそんな状態になってるなんて今の今まで知らなかった…
グイッ
わーっ!!
はいほお骨引き上げてまーす
先生っ今どこに指をっ?!
下から上から横から細かく複雑な動きでほお骨をほぐす

鼻のわきを2、3回ずつプッシュ
…んっ
鼻の通りがよくなりました!!
ス〜〜ゥ
急に空気がいっぱい入ってきた!!
開通しましたねー
鼻をつまんで左右に倒したり
ほうれい線のシワを消すようにのばしたり
ブチッ
先生…
今…「ブチッ」って…
あ〜ほお骨の老廃物がつぶれた音です
今のでくっついていた鼻とほおは…離れたのかしらん
怖い…
再びほおの下側から首のリンパも押していく
硬いですねー
いててててっ
いてっ!!
私の首はそうとうこっているらしい

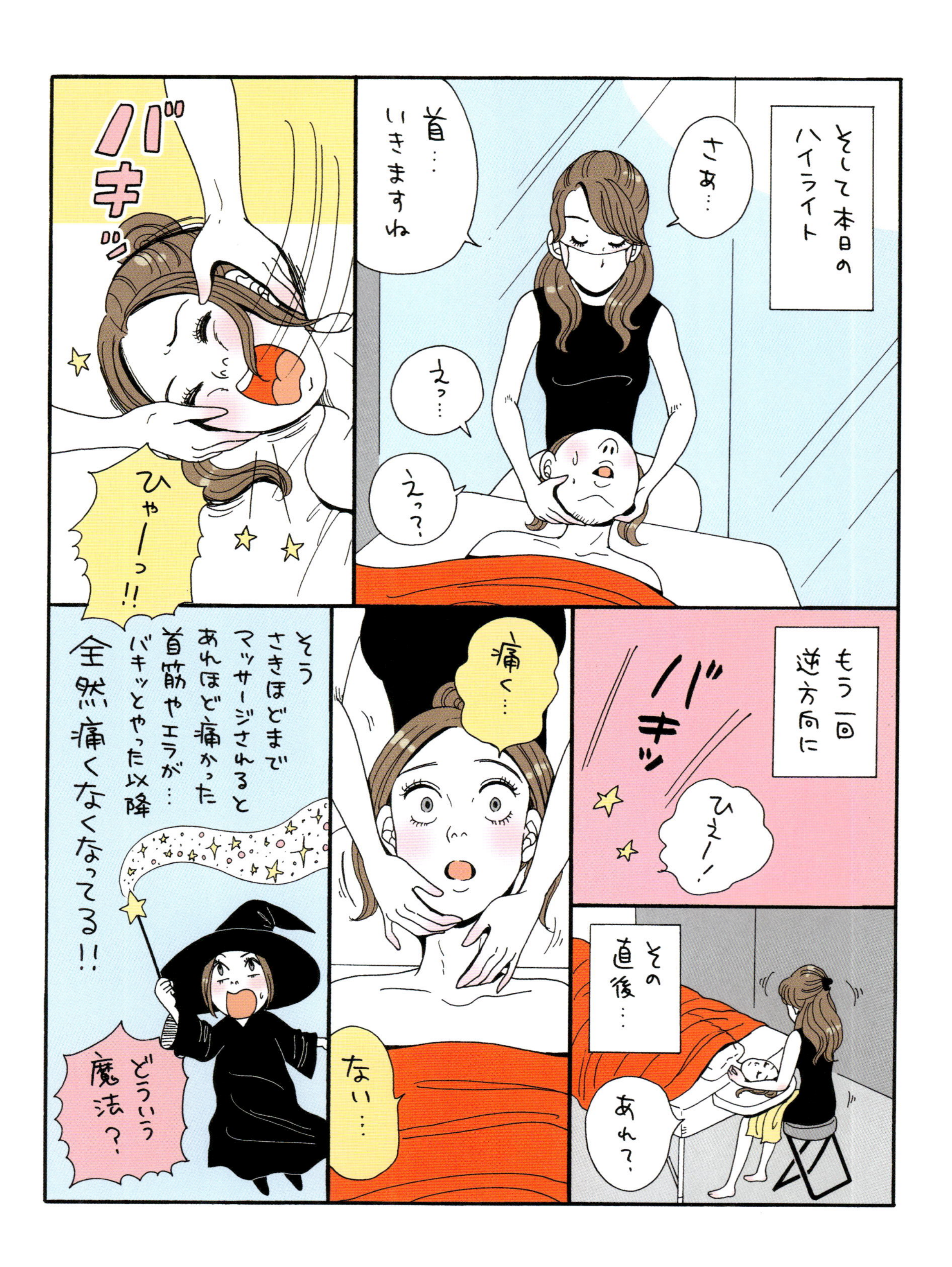
そして本日のハイライト
さぁ…
首…いきますね
えっ…
えっ?
バキッ
ひゃーーっ!!
もう一回逆方向に
バキッ
ひえ~!
その直後…
あれ?
痛く…
ない…
そうさきほどまでマッサージされるとあれほど痛かった首筋やエラが…バキッとやった以降
全然痛くなくなってる!!
どういう魔法?

つまりがとれて
流れがよくなると
痛みもなくなるんです
不思議ですよねー
ウソみたい
はい…段々
気持ちよく
なってきました…
ふつうのマッサージの
「イタきも」って感じ
ちょっとこれは衝撃だった
ここまでハッキリと
変わるとは！
顔だけのマッサージを
していても
最終的に首のリンパを
流さないと
意味がないんです
顔がむくんでいる人は
ほとんど首が
こっているので
その後目の周りや
耳周辺を
ほぐしていただく
あ〜…
痛いっっ!!
ギューッ
けっこう
強い力
!
直後 音が
よく聴こえる
ようになった

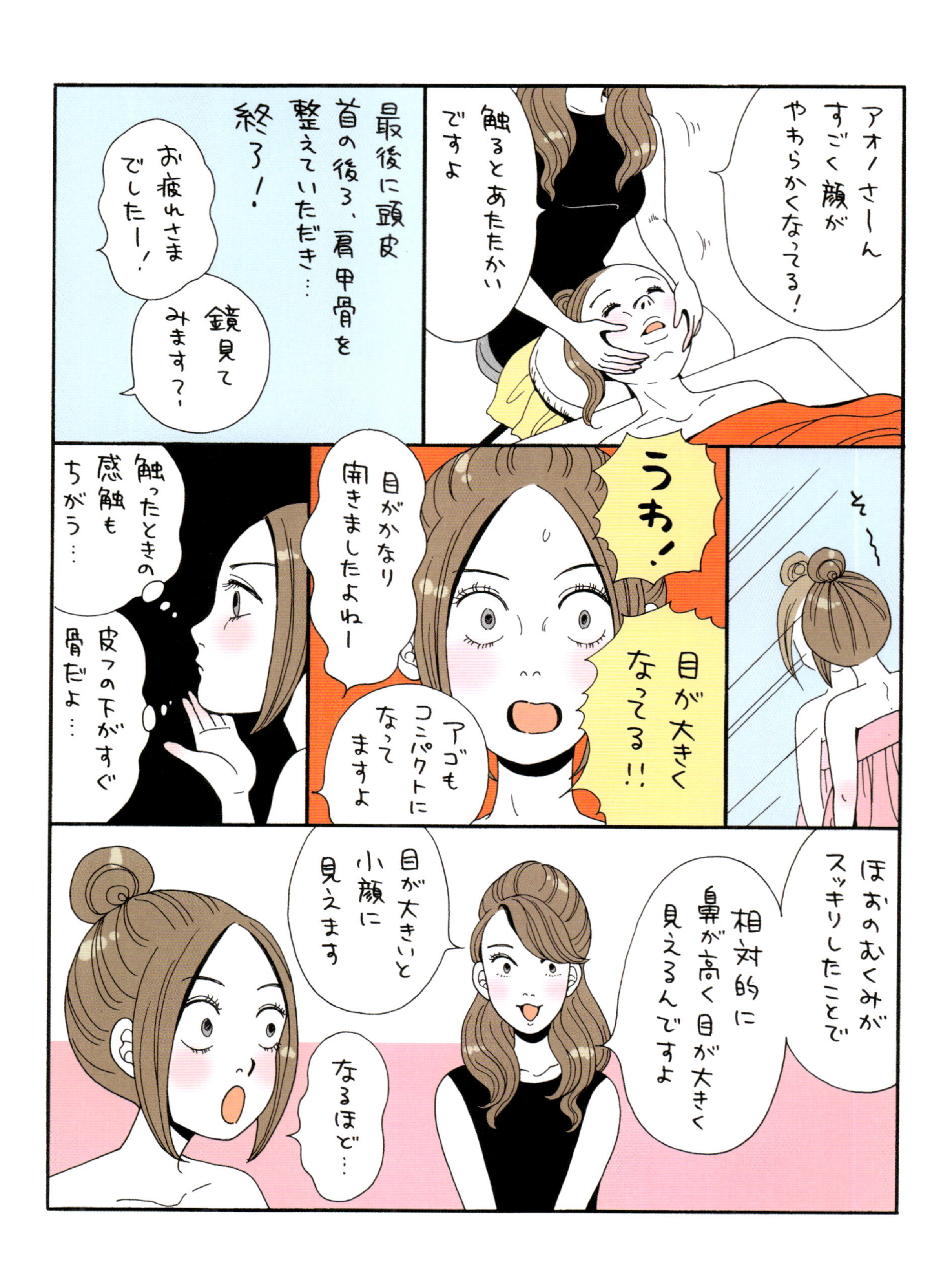

アオノさーんすごく顔がやわらかくなってる！
触るとあたたかいですよ
最後に頭皮首の後ろ、肩甲骨を整えていただき…終了！
お疲れさまでしたー！
鏡見てみます？
そ〜
うわ！
目が大きくなってる!!
目がかなり開きましたよねー
アゴもコンパクトになってますよ
触ったときの感触もちがう…
皮フの下がすぐ骨だよ…
ほおのむくみがスッキリしたことで
相対的に鼻が高く目が大きく見えるんですよ
目が大きいと小顔に見えます
なるほど…

さらに感じたのは…
顔周りの滞りが解消されると…世界が明るくなる!!
これは比喩ではなく実際の話
耳がよく聴こえたり目がよく見えたり頭や肩が軽くなったり
その後2、3日は状態がキープされていました。
まあでもさすがに一回くらいじゃそんなにはもたないだろうと思っていたのですが…
5日後外出先で
ん?
あれ?私やせた?
先月はパンパンだったのに
その夜行った友人のバースデーパーティーでも…
ドレスコードは赤
ミサコちゃんやせた?
やせたよねー
でもむしろ体重は変わってないどころか増えていて
帰宅して計った
……
どう考えてもこれは小顔効果でやせて見えたのではないかと!

CONTENTS

PROLOGUE

02 「顔が大きくて…」「顔が太りやすくて…」いいえ、それはすべてむくみです！
04 小顔のために大事なのは「首」と「頭」
06 〝寝ながらできる〟から毎日続けられる！ 永遠に小顔をキープできる！
08 イラストレーター・アオノミサコの「久式小顔マッサージ」体験記

CHAPTER 1

整形並に変わる！ 1週間で顔のかたちが変わる！

「久式小顔マッサージ」の効果

20 どうして「久式小顔マッサージ」は小顔になれるの？
22 小顔になるだけではなく、シワ、くすみ、たるみ、ほうれい線も解消！
24 1日1分！ 1週間継続すると〝10年前の顔〟に戻れる！
26 たった1回でこの変化！ 「久式小顔マッサージ」のBefore→Afterを紹介
28 「久式小顔マッサージ」ではこの8つの指を使います！

30 本書の使い方

CHAPTER 2

毎日1分～！ 寝る前の小顔習慣をスタート！
いざ実践！「久式小顔マッサージ」

32 久式マッサージの全16ステップ
33 小顔マッサージをする上での注意点
34 STEP 1 二重あごをなくす
36 STEP 2 老廃物の流れる道を作る①
38 STEP 3 老廃物の流れる道を作る②
40 STEP 4 デコルテをよみがえらせる
42 STEP 5 フェイスラインをスッキリさせる
44 STEP 6 頬骨の位置を高くする
46 STEP 7 目を大きくする
48 STEP 8 顔をリフトアップさせる
50 STEP 9 鼻を高くする
52 STEP 10 おでこのシワを取る
54 STEP 11 ほうれい線をなくす
56 STEP 12 目の下のクマをとる
58 STEP 13 顔全体をリフトアップする
60 STEP 14 血流の循環を良くする
62 STEP 15 鎖骨に流れていることを確認する
64 STEP 16 首全体の流れを良くする

CHAPTER 3

小顔を手に入れたら今度は身体やせ！

小顔になったら身体とのバランスも取りたい！

68 顔やせと身体やせは別物です

70 PARTS 1 盛り上がったデブ肩を華奢にする

72 PARTS 2 脇の肉をなくす

74 PARTS 3 バストアップさせる

76 PARTS 4 肩甲骨を浮き立たせる

78 PARTS 5 ウエストにくびれを作る

80 PARTS 6 背中の贅肉を取る

82 PARTS 7 二の腕を細くする

84 PARTS 8 ヒップアップする

86 PARTS 9 太ももを細くする

88 PARTS 10 ふくらはぎのむくみを取る

90 PARTS 11 足首を細くする

92 PARTS 12 ゾウ足から脱却する

66 COLUMN 耳には健康や美容に効く反射区・ツボだらけ！

94 EPILOGUE 憧れの美しいバランスを手に入れたあなたへ

CHAPTER 1

整形並に変わる！ 1週間で顔のかたちが変わる！

「久式小顔マッサージ」の効果

私自身、顔が2まわり小さくなり、目も鼻も整形したかのような変化を遂げました。だから独自のメソッドとして「久式小顔マッサージ」が考案できたのです。サロンにいらっしゃるお客様の多くは顔の大きさに対してお悩みを持っています。でも毎日寝る前に「久式小顔マッサージ」を続けることでなりたい自分に近づき、自信が持てるように変身し続けています。

どうして「久式小顔マッサージ」は小顔になれるの？

巷(ちまた)では小顔になる「リンパマッサージ」「小顔矯正」「コルギ」など、小顔になるための方法が多数溢れかえっています。でも残念ながらそれらの手技・技法は効果が持続しにくいのが真実です。なぜなら、人間の身体の持つメカニズムに則(のっと)っていないからです。

「久式小顔マッサージ」は違います！
こうして自信を持って言えるのは、私が身体全体のメカニズム・身体を正常化する様々な術を熟知し、編み出したボディメンテナンスメソッドに基づいた独自の手技だからです。

「久式小顔マッサージ」は毎日のケアにちょっとプラスするだけという手軽さがあり、また理にかなっているので効果が出やすく、即効性があります。血管（静脈）・リンパをはじめとするデトックス機能を最大限に引き出し、筋肉や骨格を本来あるべきところに戻していくことで自然な美しさに導くことができるのです。まず小顔になるためには顔全体に溜まってしまった水分や老廃物を流すことから始めてください。顔の筋肉、表情筋を鍛えることよりもまずは不要なものを排泄することが大切なのです。それをせずにいくらいい美顔器を使っても、高級な基礎化粧品でお手入れしても全く意味がありません。

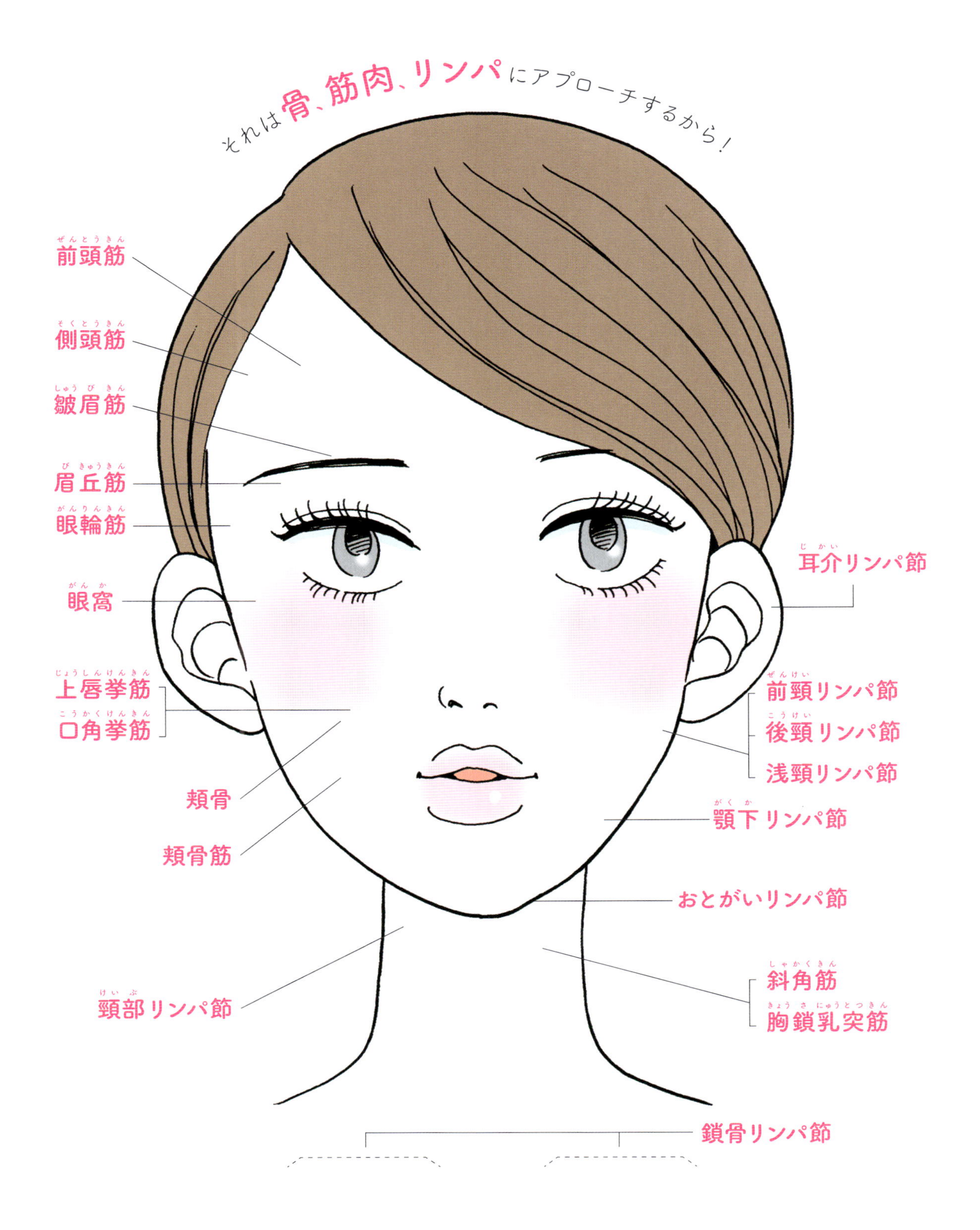

それは骨、筋肉、リンパにアプローチするから！
前頭筋
側頭筋
皺眉筋
眉丘筋
眼輪筋
眼窩
上唇挙筋
口角挙筋
頬骨
頬骨筋
頸部リンパ節
耳介リンパ節
前頸リンパ節
後頸リンパ節
浅頸リンパ節
顎下リンパ節
おとがいリンパ節
斜角筋
胸鎖乳突筋
鎖骨リンパ節

知らず知らずに抱えていた
トラブルを解消すると
小顔も手に入る！

小顔になるだけではなく、シワ、くすみ、たるみ、ほうれい線も解消！

小顔になればトラブルも解消！　というよりは、トラブルを解消できるから小顔になれるのです。私が「久式小顔マッサージ」を編み出すきっかけになったのは、リンパマッサージの基本を学んだこと。恩師との講義のあとに医学書の人体解剖学「リンパ系」のページを見ながら自分の顔を押したり、つまんだり、もんだりしていたところ、ある日ずーっと消えることがなかった生え際とフェイスラインのボツボツとした肌荒れ＆吹き出物がなくなっていることに気がついたのです。

当時、ダイエットを始めてからは身体のケア、特に脚のケアは意識的に行っていましたが、顔に関しては完全ノーマーク。無防備なまま基礎化粧すらせず、日焼け止めなんて持ってもいなかった、そんな私だったにもかかわらず変化が起こり始めました。まずフェイスラインがシャープになり、あごがスッキリしたと同時にほうれい線が薄くなってきたのです。そして顔全体の血行が良くなり、肌のキメが整い、くすみが消えてチークをしたような頬の色に……。リンパマッサージをしたおかげで顔全体に溜まっていた老廃物や水分が抜け、プラスの効果を引き出すことができたのだと自分の顔で実感したのです。

1週間継続すると
“10年前の顔”に戻れる！

1日1分！

10年前の顔、覚えていますか？ もっと目が大きかった……。もっと顔がシャープだった……。
今の自分の顔と比べるなんて恐ろしい……と思う方も多いと思います。
でも「久式小顔リンパマッサージ」なら、個人差はありますが早い人なら試した直後から
その効果を実感できるはず。毎日続けるうちに、ある日突然
「あれ？ これって数年前の私？」と劇的に若返ったことに驚くでしょう。
そして周囲の人も「やせた？」「何かしているの？」と変化に気がつき始めるはずです。

顔のシワがなくなる

顔のシワの原因である「たるみ」は頭皮のケアで解消できます。

最大2まわり小顔になる

顔のむくみが取れ、フェイスラインが
はっきりすることで小顔効果が如実に現れます。

笑顔を作りやすくなる

顔の筋肉がほどよくゆるみ、自然な笑顔に！

肌が柔らかくなる

マッサージをすることで皮膚が柔らかくなり、
血色の良い触りたくなるようなマシュマロ肌に！

余分なスキンケアが不要になる

寝る前のマッサージで睡眠の質が良くなり、
寝ている間の肌の皮脂分泌による保湿効果がアップ！

鼻が高くなる

鼻のまわりの老廃物を流すだけで鼻筋が通り、一気にシャープに！

首のシワが消える

首のケアをしっかりすることで
首の皮膚に弾力が戻ります。

顔の彫りが深くなる

寝ながらマッサージをすることで余分な老廃物や
脂肪などを簡単に移動させ、美しく整えることができます。

顔に立体感が出る

鼻筋が通り、頬骨が上がることで
はっきりとした顔の印象に！

目が大きくなる

顔の中でも一番むくむのがまぶた。
まぶたがスッキリするだけでも目がぱっちりと開きます。

目がよく見えるようになる

目のまわりの筋肉がゆるみ、頭皮のケアをすることで
眼球を支えている筋肉もゆるむため、目の機能性がアップ！

たった1回でこの変化！

「久式小顔マッサージ」のBefore→Afterを紹介

- □ 目と目の距離が離れている
- □ 耳が下がっている
- □ 頬がふっくらしている
- □ ほうれい線が深い
- □ おでこが平べったい
- □ 顔が長い
- □ 鼻筋がぼやけている
- □ 首がむくんでいる
- □ 首のシワが深い
- □ 鎖骨が下がっている

久先生がSTEP1～16を行った結果です。修正は全くしていません。
少しぼやけた顔がキュッと求心的な小顔になったのがわかりますか？
少し本を離して見てみて！ 違いがわかりやすいはず。

- □ 目と目の距離が縮まった
- □ 耳の高さが正しい位置に
- □ フェイスラインがスッキリ
- □ 目から口までの直線距離が短くなった
- □ ほうれい線が薄くなった
- □ おでこが立体的
- □ まゆげと目の間の距離が狭くなった
- □ 鼻筋が通っている
- □ あごがシャープに
- □ 首のシワが軽減
- □ 鎖骨が正しい位置に

After

「久式小顔マッサージ」では この8つの指を使います！

1 親指

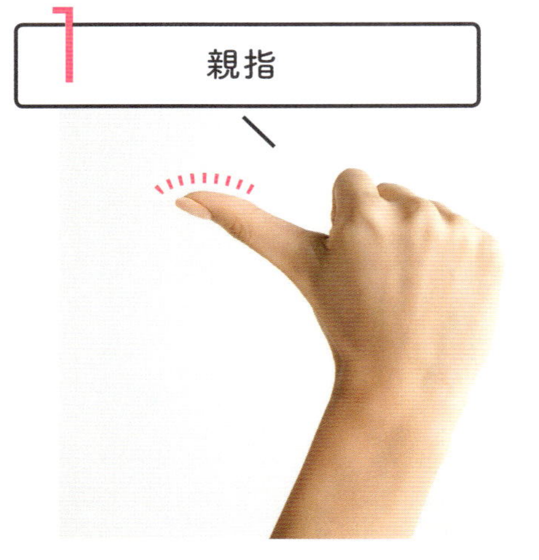

親指の腹を使ってじっくり奥深く効かせる

2 親指&人差し指カギ

親指の腹と人差し指のエッジで絞りつぶす

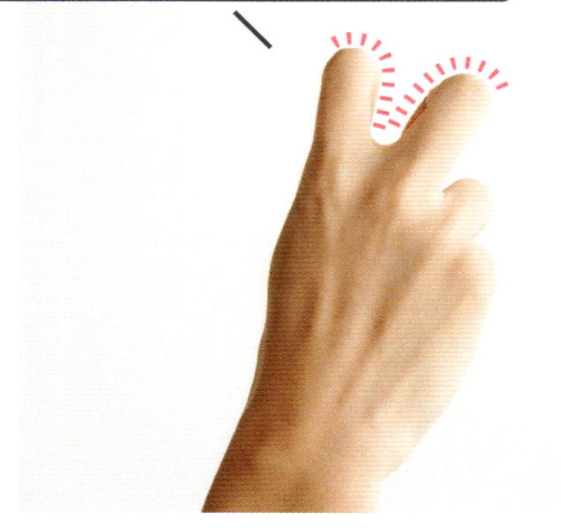

人差し指と中指の第二関節でしっかりつまんで刺激

4 第二関節

人差し指・中指・薬指・小指の４本の指の第二関節で
広い範囲へアプローチが可能

「マッサージするときにはどの指をどのように使えば良いですか？
そして圧はどのくらいですか？」と聞かれることがよくあります。
まずは指の使い方をマスターしましょう。
どの部分をどのようにあてればしっかり効くかを確認しながら
この８パターンを使い分けてください。指の使い方さえ間違えなければ
指が疲れることや痛くなることもありません。

5 人差し指＆親指

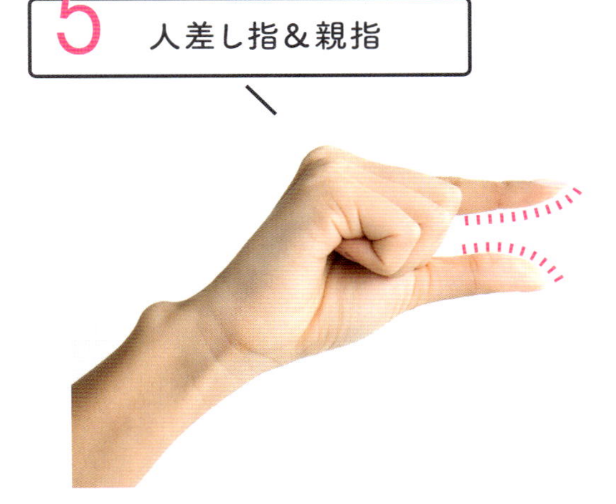

２本の指ではさみ、絞るように刺激する

6 人差し指カギ

人差し指のエッジで深部まで効かせる

7 人差し指

人差し指のエッジを使って掻き出す

8 手の平

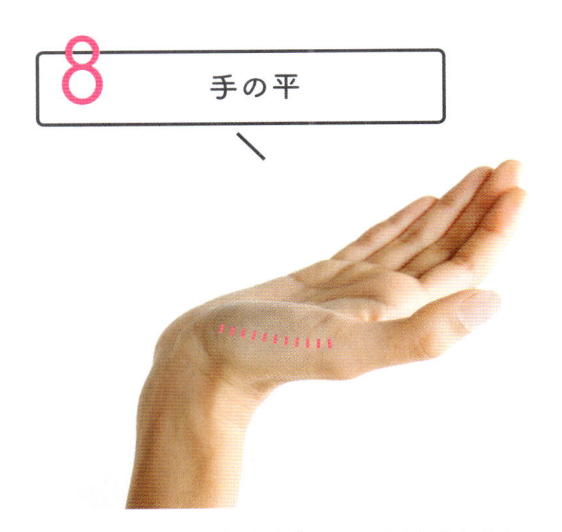

親指の付け根を使ってしっかりと効かせる

本書の使い方

CHAPTER2は、STEP 1～16の構成になっています。パーツケアになっているので、特に気になる部分、コリや老廃物が溜まっていると感じる部分があるときはパーツケアとして行ってもOK。最初は、小顔になるためのSTEPを覚えてほしいので、通しで行うのがオススメです。

回数の目安

目安となる回数を明記しました。動作に慣れてきたら自分の指の感触に従って、回数や押す秒数などを調整してください。流れやすくなってくると所要時間はどんどん短くなっていきます。ゆっくりケアできる余裕のあるときは、それぞれの動作をじっくり時間をかけて行ってみて。

目的

土台づくり、パーツケア、仕上げの３段階で動作の目的を分けています。通しで行うときの参考にしてください。

小顔になるためのステップ解説

1～16まで、最も効率的で覚えやすいSTEPで構成しました。毎日のように繰り返していくと、指が入りやすくなり、手の動きも慣れてスムーズになってどんどん所要時間が短縮されるはず。もちろん、気になるパーツのみを行うのもOKです。その際の注意点として、パーツケアのあとにも必ず首から鎖骨に流すことを忘れずに。

秒数の目安

ページの左下にはこのステップにかかる目安の時間を明記しています。最初は指を確認しながらなので何十秒もかかるかもしれませんが、焦らずじっくり覚えてください。手が覚えれば、一連の動作をスムーズに行えるようになります。

マッサージの解説

解説を読み、写真を見ながら自分の指や手の感触を確かめながら行ってください。顔のコリ、詰まりに敏感になってくると、その滞りを解消することでスムーズに流れ始める感覚を知ることができるようになります。

CHAPTER 2

いざ実践！「久式小顔マッサージ」

毎日1分～！ 寝る前の小顔習慣をスタート！

まずは1週間！ 小顔になるための全ステップをSTEP1～16に分けて紹介しています。まずは基本の流れを覚えるためにもSTEP1から始めてみましょう。本を見なくても一連の流れができるようになったらすでに習慣になっているはず。時間があるときはあえて全ステップをじっくりやるのも効果的です。

「久式小顔マッサージ」の全16ステップ

- STEP 1　二重あごをなくす
- STEP 2　老廃物の流れる道を作る①
- STEP 3　老廃物の流れる道を作る②
- STEP 4　デコルテをよみがえらせる
- STEP 5　フェイスラインをスッキリさせる
- STEP 6　頬骨の位置を高くする
- STEP 7　目を大きくする
- STEP 8　顔をリフトアップさせる
- STEP 9　鼻を高くする
- STEP 10　おでこのシワを取る
- STEP 11　ほうれい線をなくす
- STEP 12　目の下のクマを取る
- STEP 13　顔全体をリフトアップする
- STEP 14　血流の循環を良くする
- STEP 15　鎖骨に流れていることを確認する
- STEP 16　首全体の流れを良くする

小顔マッサージをする上での注意点

- 「もむ」のではなく「押す」を意識しましょう。
- 皮膚の摩擦を軽減させるためにオイルやクリームなどを使用しましょう。
- 指の滑りを感じながら、ほぐしましょう。
- 目を瞑り、指先でしっかりと感じながらマッサージしましょう。
- 血流が良くなるのでマッサージの途中で眠ってしまうこともありますが気にせずまた翌日から再開してください。
- リンパ・血流・骨格・筋肉などの場所を指で意識しながら行うと効果がアップします。
- マッサージをするときはなるべく脇を締めて行いましょう。
- 強さはやや強めに。痛みを感じるくらいの力加減で行いましょう。
- ゴリゴリしている部分には老廃物が溜まっていますのでていねいにほぐしましょう。
- ひとつひとつの動作に集中し、ていねいに行いましょう。

STEP 1

二重あごをなくす

1.

あごに溜まった老廃物をつぶす

やや上を向き、あご全体を親指の腹で指がくい込むようにぐっと押します。左右交互にリズミカルに押し、ゴリゴリした部分をつぶします。あごの先だけでなく、あご全体からのどの近くまで指を移動させてしっかり押すことがポイント。

あごには、リンパ節（顎下リンパ節・おとがいリンパ節）があるので
あごに溜まってしまった水分や老廃物はココをしっかりケアするとたちまちスッキリ。
やや上を向いて行うのがポイントです。指の腹で感じながら行いましょう！

（1を左右各5プッシュ→2を各5プッシュ）

2. 親指&人差し指カギであごの骨をはさみ、押す

人差し指カギの第二関節があごの骨にあたるように置き、親指の腹であごをおさえます。あごの骨をグッとはさむようにしたまま親指を左右交互に動かし、より深部まで指を入れ、流します。

STEP 2

老廃物の流れる道を作る①

1.

リンパ・血管（静脈）・胸鎖乳突筋を刺激し、流れ道を作る

顔を少し横に向け、第二関節を耳の下・えらにフィットするようにあて、押します。少しずつ奥に入っていく感覚を感じたらそのまま手を下げていきます。じ～んと効かせる意識がポイント。

首には太いリンパ（耳下腺リンパ節・頸部リンパ節・顎下リンパ節）があります。
そしてリンパや血管（静脈）とほぼ同じ場所にある胸鎖乳突筋・斜角筋を意識することで
首のコリも解消できます。顔の筋肉と連動しているので小顔効果は倍増！！

（ 1→2を左右行う ）

2.

流れる道を広げ、もっと流れを促進させる

第二関節で首全体を上から下にゆっくり流します。第二関節の凹凸を使い、しっかりと鎖骨まで流し込みましょう。耳の後ろの生え際を始点に行うのがポイント。首のコリの解消にもつながり、頭皮の血流も促進できます。

胸鎖乳突筋と斜角筋の間を
上→下へ流す。
3回程度を目安に

斜角筋

このステップは
約8秒

STEP 3

老廃物の流れる道を作る②

1.

リンパ・血管（静脈）を刺激し、より太い流れ道を作る

顔を少し横に向け、えらの下の脈打つ部分（内頸静脈）に３本の指を密着させます。血管（静脈）・リンパに効かせるために、えらの部分から鎖骨まで数秒押します。じわーっと温かくなり、血液の流れる感覚を指先に覚えさせましょう。

顔に溜まっていた水分、老廃物が流れる太〜い道を作るために3本の指でしっかり刺激しましょう。
リンパや血管（静脈）を意識し、3本の指をしっかり密着させながら
「押し」→「流す」ことでより流れが促進されます。首のシワが薄くなる効果も！

（ 1→2を左右行う ）

2.

3本の指で首全体を上から下へ押し流す

耳の後ろに3本の指を密着させたら首に沿わせるように上から下へ動かします。耳の後ろ→えらの下→鎖骨の順に押し流します。しっかり密着させ、ゆっくりと押し流すのがポイント！ 気がつけば首のシワが薄くなっているはず。

STEP 4

デコルテをよみがえらせる

鎖骨の内側を①→④と4プッシュ。
2回程度行いましょう

④ ③ ② ①

鎖骨

1.

鎖骨を人差し指と中指で押し、リンパの流れを解放する

鎖骨の上の内側の部分に人差し指と中指を揃えて置き、やや強めの力で押し込みます。鎖骨に指が入らない人は円を描くようにゆっくり押し、ゆるめながら開くようにしましょう。リンパに効いていれば、脇の下もしくは指先にビンビン電気が走るような感覚が！

鎖骨は埋もれて見えなくなっている……というあなた。でも鎖骨は最高のジュエリーとも
言われるほどくっきり出ていると美しいパーツです。女性らしさアップのためにも
鎖骨メイクをしましょう！ デトックスには欠かせないリンパも鎖骨にあります。

（ 1→2を左右行う ）

2.

鎖骨を人差し指と中指ではさんでくっきり鎖骨メイク

鎖骨を2本の指ではさみ、内側から外側に滑らせます。指の第二関節までしっかり密着させながら、最終地点まで鎖骨を彫刻刀で浮き彫らせるようなイメージで行うのがポイント。人差し指は鎖骨上に引っ掛けるように、中指は鎖骨下をしっかり押すように行いましょう。

内側→外側に向かって
3回流す

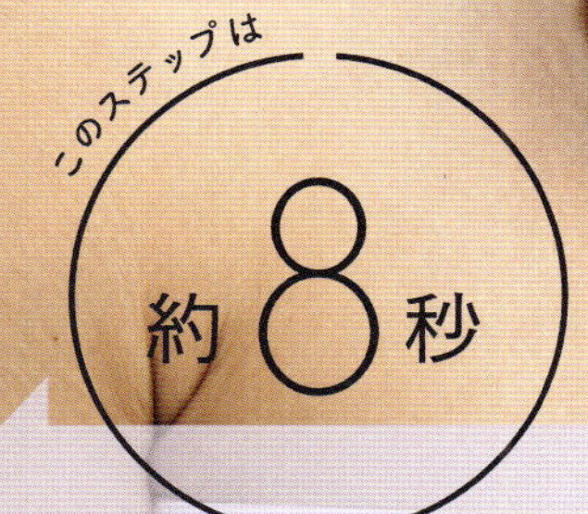

STEP 5

フェイスラインをスッキリさせる

1.

人差し指&中指ピースであごの骨をはさみ、耳たぶまで動かす

人差し指&中指ピースであごの骨をグッとはさみ、そのまま顔を回すことで指を移動させ、耳たぶまで刺激します。老廃物で滞っていると指が止まりやすいので手だけを動かさずに、顔ごと動かすのがポイントです。最後に耳たぶを真下に引っ張りましょう。

フェイスラインがスッキリするとグッとやせた印象に！ 実際の体重が変わらなくても
必ず「やせた？」と言われるほど、「スリムな印象」を持たせてくれます。
しっかりケアすることで気になるほうれい線が薄くなり、筋肉のクセも取れるんですよ。

(1→2を左右行う)

2.

人差し指カギを支えに、親指の腹でフェイスラインを作る

人差し指カギをあごの先にあて、親指をあごの骨に沿って真上に押し入れるようにグッと奥まで効かせます。あごからえら、耳の下まで行ったら、リンパ節を開き切るようにグッと押しましょう。

STEP 6

頬骨の位置を高くする

1.

第二関節で頬骨のまわりの毒素・老廃物を掻き出し、上げる

第二関節の凹凸を頬骨のふちに垂直にあてます。鼻に近い部分には唇を動かす筋肉（上唇挙筋・口角挙筋）があり、下側にはあごを動かす筋肉（咬筋）があるので、しっかり刺激することで筋肉の弾力を取り戻すことができます。

頬骨のまわりには老廃物がたくさん集まっています。恐ろしいことに頬骨のふちや内側に
老廃物は隠れ、潜んでいます。頬骨のまわりにある老廃物をしっかり掻き出すことで
頬骨の位置が高くなり、小顔効果は倍増します。ほうれい線の予防・改善にも。

(1→2を左右行う)

2.

親指の腹を頬骨のまわりにあてたままうなずく

親指の腹を頬骨にあてたまま大きくうなずき、しっかり圧を与えましょう。大きくうなずくことで指の動きでは入らなかった部分にまで指が入っていくので効果絶大です。頬骨に沿って①～⑤くらいの範囲に分けて親指の腹で刺激しましょう。

STEP 7

目を大きくする

1.

親指の腹で目のまわりを刺激して血行を促進し、筋肉をゆるめる

目の骨のキワ（眼窩（がんか））を親指の腹で押す。そのまま左右に少し首を振り、さらに深部まで効かせましょう。目のまわりの筋肉がほぐれ、眼精疲労を回復できます。

目が大きくなるなんて信じられない！ そう思う方も多いと思いますが、まぶたこそ
むくみやすいパーツはないんです。そして現代人の多くはスマホやパソコンで目を酷使しています。
目のまわりの筋肉（眼輪筋）をゆるめるだけでも目はパッと開くんですよ。

（ 1→2を左右行う ）

2.

眉を人差し指&親指ではさみ、疲れもリセット

眉を眉頭から眉尻に向かってやや強めにつまみます。眉の筋肉（眉丘筋・皺眉筋）をほぐすことでまぶたの重みが取れます。血流が良くなると目の開きが良くなり、むくみが改善！ 視界がパッと明るく感じるはずです。

STEP 8

顔をリフトアップさせる

1. 顔を包み込みように指の腹で押し動かす

顔全体を包み込みように指を置き、指先にグッと力を入れます。指先に力を入れた状態のまま指を顔の中心に寄せるように動かし、指先の力を抜きながら今度は指を外に広げていきます。

顔のリフトアップのポイントは、おでこの筋肉の緊張を解くことと頭皮のコリを取ること。
おでこの筋肉（前頭筋・側頭筋）をケアすることで
おでこのシワの改善はもちろん、顔全体のたるみにも効果絶大！

2. 耳の下から顔の上半分を持ち上げる

耳の下に親指を、小指を眉の中心に、他３本の指を自然に置き、顔の上半分を持ち上げます。顔と頭皮はつながってるので頭皮の血行不良は顔の血行不良にもつながります。同じく筋肉も連動していますので、意識してケアしましょう。

指にグッと力を入れたまま少し上に上げる。そのまま数秒キープ

このステップは
約10秒

STEP 9

鼻を高くする

1.

鼻を左右からはさみ、付け根からゆっくり動かす

親指をあごにあて、人差し指の側面を鼻の付け根にあてたら、鼻をかむように左右に動かします。鼻の付け根を動かすことで鼻の左右に溜まっていた老廃物をほぐすことができ、鼻の通りが良くなります。

指を添えて両手ではさんだ部分に力を入れ、5秒程度左右に押し動かす鼻を高くするポイントは鼻のまわりの老廃物、毒素、コリをほぐすこと。
鼻は軟骨でできているので比較的ケアしやすいパーツです。特に小鼻のまわりは念入りに行いましょう。
小鼻のコリがなくなると鼻の通りが良くなり、ほうれい線も一気に解消！

(1→2を行う)

2.

人差し指で鼻のまわりの老廃物を押し流す

鼻のまわりにも老廃物や毒素がたくさん溜まっています。鼻の付け根から小鼻周辺の老廃物を掻き出すように人差し指をあて、小刻みに押し動かします。特に小鼻は深部まで指を入れてその場で外まわしに押し流しましょう。

STEP 10

おでこのシワを取る

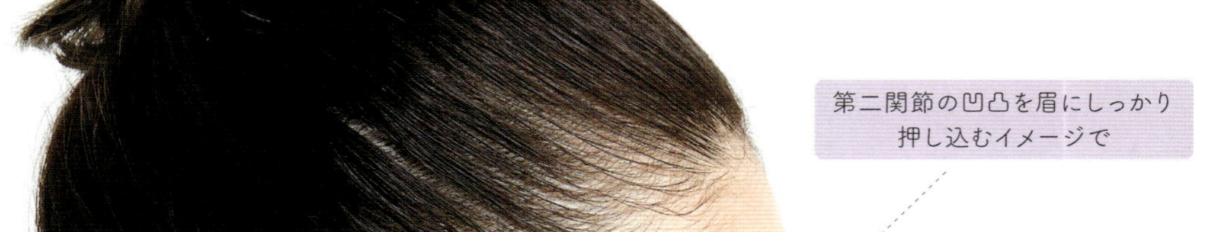

1.

眉に第二関節をあて、左右上下に顔を動かす

眉に第二関節をあてたまま、首を左右に５回程度、上下に５回程度動かします。脇を締めることにより第二関節の凹凸をしっかり眉下にあてることができます。目の周りの筋肉（眼輪筋）もゆるむので、まぶたのむくみも解消します。

おでこのシワを取るためには生え際のケアが必要不可欠です。
おでこの筋肉（前頭筋・側頭筋）はもちろん、眉の下にある筋肉（皺眉筋）をゆるめることで、
おでこの張りや弾力を取り戻すことができるのです。

（ 1→2を行う ）

2.

第二関節で円を描くように動かして頭皮をゆるめる

こめかみからスタートし、頭の上に向かって生え際をしっかり刺激します。第二関節で円を描くように動かすことで筋肉がゆるみ、血行促進にもつながります。

STEP 11

ほうれい線をなくす

1.

親指&人差し指カギで老廃物を流し、引き上げる

親指と人差し指カギで頬骨を包み、人差し指の第二関節を使って頬骨まわりをゆるめます。痛みがある部分、ゴリゴリしている部分は老廃物なので、しっかり耳の方へ向かって流しましょう。人差し指は顔の中央からこめかみに向かって引き上げるように動かします。

ほうれい線はむくみやたるみが原因になっていることが多いといわれていますが、
頬骨を定位置に戻すことで解消することができます。そして頬からあごにかけての筋肉（頬骨筋・咬筋）の
クセをリセットすることで、筋肉の弾力を取り戻すことができます。

(1→2を行う)

2.

頬からあごにかけての筋肉のクセをリセットする

頬からあごにかけての筋肉（頬骨筋）のクセを取るために、口角と耳をつなぐ線の真ん中に人差し指の第二関節をあて小刻みに動かします。小刻みに動かしながら口角を上げてニコッと笑うと効果が倍増します。口角の上げ方のクセをリセットすることで、ほうれい線ができにくくなります。

STEP 12

目の下のクマを取る

1. 人差し指カギで眉の上をぎゅーっと押す

人差し指カギの第一関節から第二関節の間に眉をあて、数秒程度ぎゅーっと押します。内側から外側へ眉全体をていねいに押したら、最後に眉頭から眉尻に向かって、やや強めの力で押し流します。

目の下のクマは色素沈着によるものと血行不良によるものがあります。
現代人はスマホやパソコンで慢性的な眼精疲労を起こしているため、目のまわりの
血流を良くすることで多くの方は改善できます。

2. 目の骨の下を内側→外側に押す

人差し指カギの第一関節から第二関節の間を目の骨の下（眼窩）にあて、気持ちがいいと感じる圧で内側から外側に向かってゆっくり押します。目が疲れている場合は疲労物質が溜まり、ゴリゴリしたものを感じることがあります。

このステップは 約10秒

顔全体をリフトアップする

STEP 13

1. 親指で耳の下を押しながら手の平を顔に密着させて上に引き上げる

親指で耳の下を押しながら、手の平を顔に密着させ、温めながら上へ引き上げます。血行が良くなり、筋肉もゆるんでクセが解消していますので、正しい位置を顔に教え込むつもりで包み込んだまま引き上げましょう。

整った状態をキープするために、正しい筋肉や骨格・皮膚の弾力などを
身体に教え込みましょう！ 寝ながら行うことでこの時間が自分の指の感覚を研ぎ澄ます時間にもなり、
また肌の状態などを指にインプットする時間にもなります。

手根を使って
5秒程度で
顔を押し上げる

2. 頬骨を親指の付け根（手根）に乗せ、円を描くように回しながら引き上げる

頬骨の位置をしっかり整えることで顔の筋肉は定位置に戻りやすくなり、頬骨を円を描くように回すことで頬骨のまわりに溜まっていた老廃物や毒素を流し切りましょう。

このステップは
約10秒

血液の循環を良くする

STEP 14

1. 第二関節を耳の横にあて、フェイスラインに沿って押す

第二関節を耳の横にあて、ゆっくりぐ〜っとイタ気持ちがいいと感じるくらいの強さで押します。そのまま少しずつ手を下げながら、フェイスラインに沿って押しましょう。耳からあごまで押し流すことで顔の血流が良くなり、老廃物も流れやすくなります。

身体と顔をつなげるためにとても大事な「首」。リンパも血液はもちろん、
骨や筋肉・神経だって全身につながっています。
その要でもある「首」を身体とつなげて全身の血液の循環を促進させましょう！

(1→2を行う)

2.

第二関節であご、首全体を鎖骨に向かって流す

第二関節の凹凸を使って、顔に溜まっていた水分や老廃物を流し切るように鎖骨へ向かって流しましょう。耳の下、あごは念入りにチェックしてゴリゴリしているものがないか確認をしながら流しましょう。

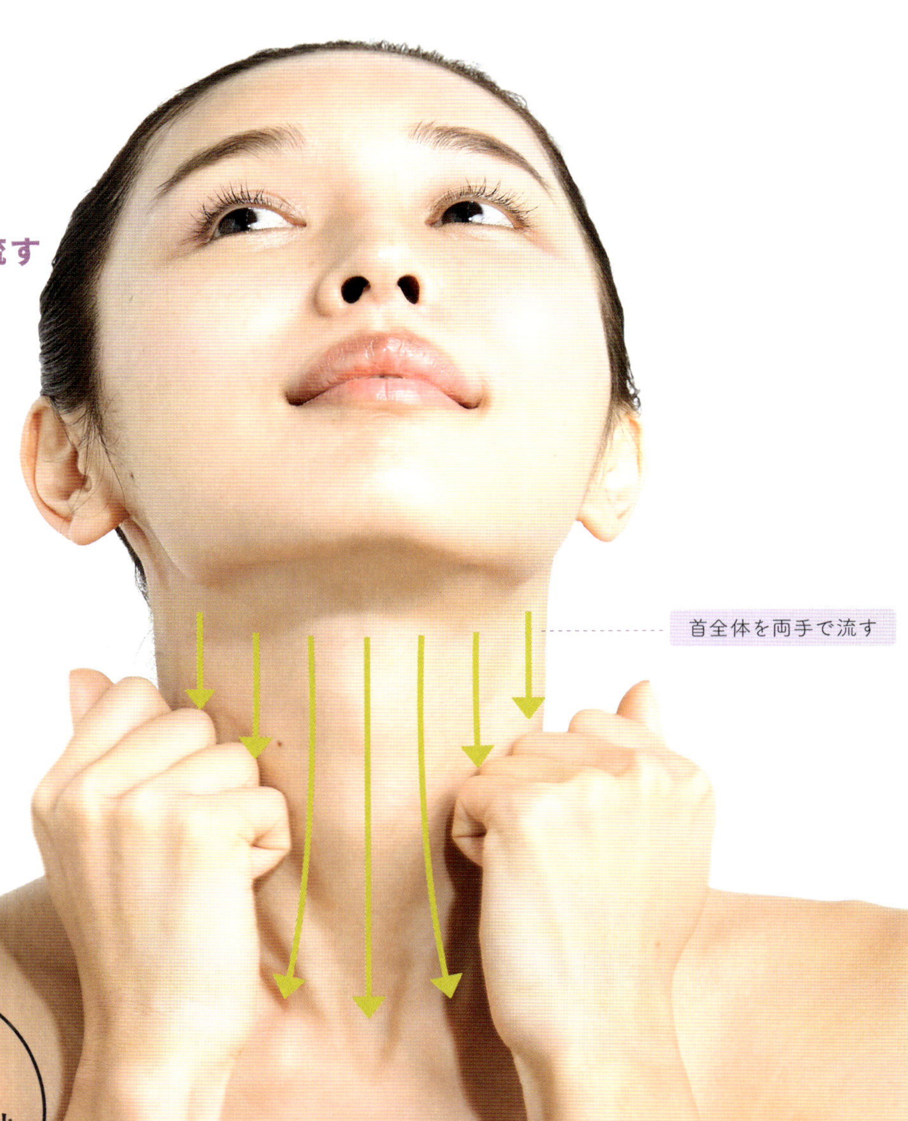

このステップは 約10秒

鎖骨に流れていることを確認する

STEP 15

1.

耳の下、あごのリンパ節がしっかり開いているか確認

第二関節を首にしっかり密着させながら押し、リンパ節をしっかり開きます。耳の下のリンパ節もあごのリンパ節も老廃物を流すたびに詰まってしまうこともあるので、何度もチェックをして流し入れることが大切です。せっかく流してもリンパ節が詰まっていたら流れずに停滞してしまいます。

全身の水分・毒素・老廃物はすべてリンパ節を通り、鎖骨に流れます。
顔に溜まっていた老廃物は耳の下のリンパ節を通り、鎖骨にしっかり流し込むような
イメージを持って行いましょう。リンパ節は何度開いても、
老廃物を流せば流すだけまた詰まるので、その都度リンパ節を開く必要があります。

（ 1→2を行う ）

2.

鎖骨まで流したら、最後までグッと流し入れる

首全体をまんべんなく鎖骨まで流すことができたら、鎖骨に第二関節を密着させた状態で首を傾け、リンパ節が開いていることを確認しましょう。鎖骨を押して痛みがある場合は、まだ開いていない証拠。1に戻ってリンパ節をもう一度開く必要があります。

首全体の流れを良くする

1.

耳全体を引っ張る

耳の縁を人差し指と親指でつまみ、耳を広げるように、真横に引っ張ります。耳を引っ張ることで耳の下のリンパ（耳下腺リンパ節）も刺激されるため顔のむくみが取れ、フェイスラインがシャープになります。

耳を触ることはあまりないと思いますが、耳にはたくさんのツボも反射区もあるんです（P.66参照）。
そして耳のまわりにはリンパもたくさんあるので刺激しないなんてもったいない！
耳が硬くなっていたら顔はむくみやすく、首もコリやすく、
耳の聞こえにも影響するんです。耳を柔らかくしてフェイスラインをスッキリ、むくみ知らずに！

(1→2を行う)

2.

耳の付け根から前にしっかり倒す

耳の付け根が硬くなっていると首への血液の流れが悪くなるので首のコリが慢性化しやすくなります。耳の付け根を柔らかくするために前に倒したり、耳全体を押したりすることが大切です。

2、3回程度耳をパタパタと倒す

このステップは 約10秒

COLUMN

耳には健康や美容に効く反射区・ツボだらけ！

私の施術では、必ずお客様の耳をチェックします。私が耳を押すとお客様はみんな「え〜？」「痛っ！」「なんで耳？」と言い、びっくりされます。耳って普段あまり触らないかもしれませんが、足裏などと同様、大事な反射区やツボがいっぱい。ですから、STEP16（p.65）でも仕上げで耳をケアしましたよね。耳を刺激すると身体中の血液のめぐりを改善し、代謝を活発にすることができるので全身をくまなくマッサージするのと同様の効果があります。

ツボ・反射区の押し方

5秒程度を目安にゆっくり指の腹を使って押したり、つまんだりして刺激します。綿棒でもOK。イタ気持ちいいくらいの強さでOK。

それぞれのツボについて

神門： 神経の安定、ストレス緩和、不眠
食道： 消化力、代謝力を高める
噴門： 胃や腸の働きを活性化
胃： 胃の働きを活性化
渇点： 水分の過剰摂取を抑制
肺： 新陳代謝、結構、排泄を促進
飢点： 食欲を抑制
腎上腺： 腎機能を高め、体内の老廃物の排泄を促す
内分泌： 新陳代謝を活性化し便秘やむくみを解消
脾： 食欲不振や下痢、むくみの改善
頬： 頬のリストアップ、くすみやシワ解消、美白効果

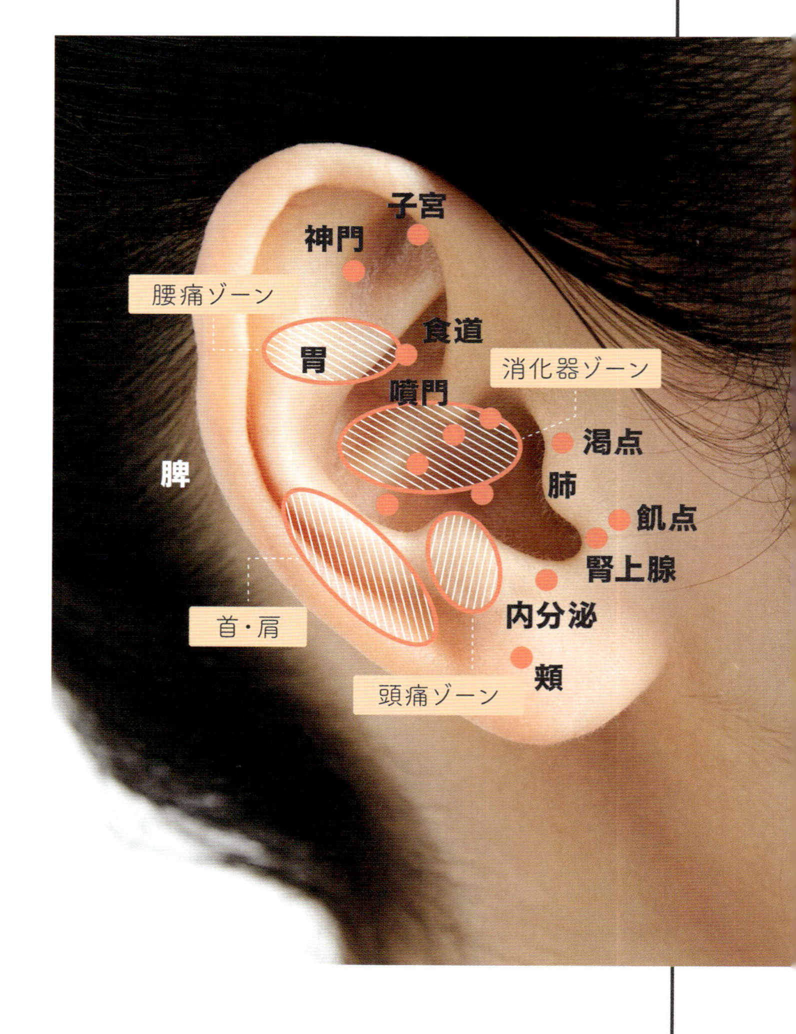

CHAPTER 3

小顔になったら身体とのバランスも取りたい！

小顔を手に入れたら今度は身体やせ！

何を隠そう私は以前15kgのダイエットに成功した経験があります。私の経験上、身体のメカニズムを知り、理にかなった方法でケアをすれば絶対に効果が出ます。やり方はカンタン！ 悩みに合わせてパーツ別にリンパマッサージをしてみて下さい。まずは鏡に映る自分から目をそらさず、ありのままの自分を受け入れることから始めましょう。

顔やせと身体やせは別物です

私は15kgのダイエットに成功した経験があります。そしてダイエット後20年以上体重をキープしています。

しかし、身体のダイエットに成功しても顔はやせることがありませんでした。顔は持って生まれた骨格だから仕方ないか！と諦めていました。15kgのダイエットができたんだからこれでよし！そう思っていました。

そしてそんなことを考えもしなくなった頃、私に転機が訪れました。

なんと身体の構造やリンパの仕組みはもとより、血液がどんな役割をするのかを知らない私がリンパマッサージを学ぶことになったのです。それからというもの毎日新しいことを学び、実践するというとても新鮮な日々が続きました。

そして自分では自覚はなかったのですが、顔のリンパマッサージを続けるうちに、会う人会う人に「やせた？」「なんか雰囲気変わった！」「顔小さくなったね」などと言われるようになりました。え？15kgものダイエットに成功しても顔の大きさは変わらなかったのに、今さら？でもその後、解剖学・人体学を深く学び、自分の顔をマッサージするうちに合点がいったのです。身体やせと顔やせはまったく別物なんだということを。身体がやせたら自然に顔もやせると思っていたのですが、それは大間違いでした。

先述した通り、顔やせには首のリンパや血液（静脈）のケアが不可欠なの

です。

そこをきちんとケアせずにやみくもに顔だけもんだり、押したりしても全く意味がないのです。意味がないばかりか、逆に詰まりを助長して顔がむくんでしまうことも少なくありません。いえ、間違いなく、むくみ、どんどん顔が肥大してしまいます。つまり、「首」の流れを良くすれば、顔に溜まった水分や老廃物が流れ、どんどん顔が小さくなるのです。

そう、「身体やせ」は、リンパ・血管（静脈）・関節をケアし、パーツをつなげ、連動させることが大切。そして「顔やせ」は顔に溜まった老廃物を流し込むための道である「首」のケアをすることが大切なのです。

PARTS 1

盛り上がった デブ肩を華奢にする

1.

盛り上がった肩を人差し指と中指と薬指で引っ掛けて前へ押す

盛り上がった肩はコリと冷えでガチガチ！ 指の腹でしっかり真下に押します。疲労物質を流すため３本の指で硬くなったコリに引っ掛け、前へ流し、鎖骨リンパへ流し入れます。

万年肩こりを放置してしまうと、肩が盛り上がってデブ肩に！
でも大丈夫！ コリも老廃物の一種ですからしっかりほぐして流しましょう。
ポイントは首のリンパと血管（静脈）と鎖骨のリンパを開くことです。

（ 1→2を左右行う ）

2.

首のリンパ・血管（静脈）も味方につけてさらに流す

肩の疲労物質を柔らかくしつつ、首にあるリンパ節・血管（静脈）の流れを良くすることでより流れを促進！ 人差し指と中指と薬指を首に密着させ、耳の下から鎖骨に向かって押しながら流れる道を作ります。

PARTS 2

脇の肉をなくす

1.

親指で脇のリンパ、人差し指と中指で肩甲骨の縁をつかむ

腕を上げて脇のくぼんでいる部分に親指を置き、肩甲骨の縁に人差し指と中指を置いて10秒程度つまみます。少しゆるんだところで、つまんだまま上に上げた腕を左右に動かします。つまんだまま動かすことでより深部へ効かせることができます。

気がつくとついている脇の肉。ここをスッキリさせる近道は、肩甲骨と脇のリンパ（腋窩リンパ節）への
同時アプローチ。肩甲骨が動くようになると脇の肉は自然に
あるべきところにいき、不要なものは脇のリンパに流れてくれます。

（ 1→2を左右行う ）

2.

肩甲骨の中心から脇に向かって、老廃物を流す

肩甲骨の中心に人差し指と中指を置いて5秒程度押し、指の腹を使って脇まで押し流します。肩甲骨の中心には悪血が溜まりやすいので痛みがある場合がほとんどです。脇の下のくぼみまでしっかり流すのがポイントです。

PARTS 3

バストアップさせる

1.

脇の下に人差し指カギをグッと入れて親指でつまむ

腕を上げ、脇の下に人差し指カギの第二関節をグッと入れて親指とはさみ、つまみます。つまんだまま腕をまっすぐ伸ばし、硬くなっている筋（小円筋）を柔らかくします。腕の上げ下げをゆっくりと5回程度行いましょう。

親指をグッと入れて
つまんだまま
腕を上げ下げ

バストアップさせるするために胸筋を鍛える方法がありますが、それより断然効果が高いのは脇のケア。
腕の動かすクセや肩コリにより、脇の下は硬くなりがちです。硬くなっている部分を
ほぐすだけでもバストは上向きになりふっくら柔らかくなります。

(1→2を左右行う)

力を入れてつかむと
親指が痛くなるので注意!

2.

親指の第一関節を脇にあて、肩甲骨まわりをゆるめ引き上げる

ひじを曲げ、腕を目の高さまで上げます。親指の第一関節を脇にあて、人差し指・中指・薬指は肩甲骨のまわりの筋肉（大円筋）をはさむようにあてます。さらに腕を曲げたまま頭の上に上げ、脇を伸ばします。

PARTS 4

肩甲骨（けんこうこつ）を浮き立たせる

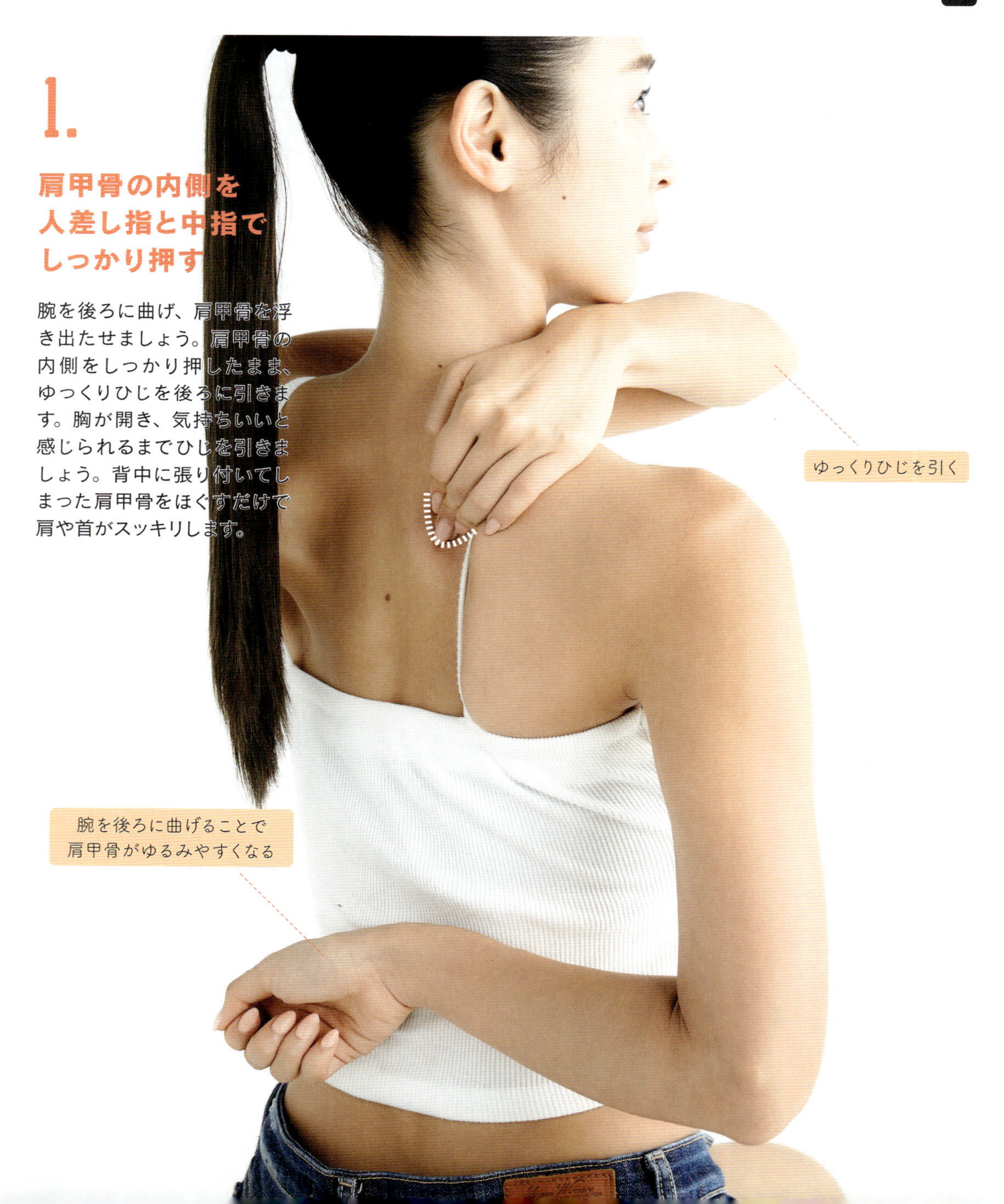

1.

肩甲骨の内側を人差し指と中指でしっかり押す

腕を後ろに曲げ、肩甲骨を浮き出たせましょう。肩甲骨の内側をしっかり押したまま、ゆっくりひじを後ろに引きます。胸が開き、気持ちいいと感じられるまでひじを引きましょう。背中に張り付いてしまった肩甲骨をほぐすだけで肩や首がスッキリします。

「肩甲骨はがし」という言葉をよく耳にしますが、肩甲骨は身体の中でも一番
可動域が大きい関節なのを知っていますか？
しっかり動かすことで背中や脇の贅肉がスッキリ！ 姿勢も良くなって、肩コリ知らずになれます。

(1→2を左右行う)

2.

肩甲骨の内側の先端を人差し指と中指で押さえ、腕を回す

肩甲骨の内側の先端を人差し指と中指でおさえたまま、反対のひじを曲げ、肩よりも少し高めに腕を上げます。ひじで円を描くように腕を大きくゆっくり回します。肩甲骨をおさえた指は力を抜き、肩に置く程度でOK。腕を動かして肩甲骨がほぐれると、骨がポキポキ動くのを感じるはずです。

PARTS 5

ウエストにくびれを作る

1.

親指と人差し指で お腹全体をつまみ、柔らかくする

親指と人差し指の腹でお腹全体をつまみ、柔らかくしましょう。つまむときは指の腹全体を使うことがポイントです。お腹のリンパ（腹部リンパ節）に流し入れるように指を動かします。強くつまみすぎて内出血を起こさないようにゆっくりジワジワと効かせるのがポイントです。

「ウエストのくびれ＝腹筋」と思っている方も多いと思いますが、まずはついてしまった脂肪を柔らかくし、
流すことの方が大切なのです。お腹には太い血管（静脈）があり、また大きな
リンパ節（腹部リンパ節）もあるのでその２つへアプローチし、ウエストメイクしましょう！

（ 1→2を5回程度繰り返す ）

2. くびれを作りたい部分を指で押さえて身体を倒す

くびれを作りたい部分を親指と人差し指＆中指でしっかりつまみ、側筋をゆるめます。呼吸は止めずにゆっくりと上半身を前に倒します。30度、45度、90度と徐々に倒す角度を変えることで無理なくくびれを作ることができます。

背中の贅肉を取る

1.

親指と人差し指・中指で肩甲骨をはさみ、腕を動かしゆるめる

ひじを曲げたまま腕を上に上げ、反対の手の親指と人差し指・中指で肩甲骨の縁をはさみます。親指の腹に力を入れ、ゆっくりと押しながらひじを曲げ伸ばしします。ひじを伸ばすときにはしっかりと伸ばし、肩甲骨のゆるみを感じるようにするのがポイントです。

背中の贅肉が取れると身体が薄くなり、女性らしさが増します。まずアプローチしなければいけないのが肩甲骨まわりをほぐすこと。そして忘れてはいけないのは、あばらの骨の間に溜まってしまった老廃物を掻き出すこと！あばらの骨の間の老廃物がなくなるだけでも背中は見違えるほどスッキリするんです！

（ 1→2を左右行う ）

2.

あばらの骨の間に溜まった老廃物を掻き出し、流す

あばらの骨の間に溜まってしまった老廃物を、人差し指･中指･薬指でしっかり掻き出します。背中からお腹に向かってあばら骨に沿ってゆっくりと掻き出し、流しましょう。一方の腕を上げたまま行うことで老廃物のゴリゴリ感を感じやすくなります。

PARTS 7

二の腕を細くする

1.

硬くなった二の腕も、タプタプの二の腕も指を密着させ押し流す

親指と人差し指・中指・薬指をしっかり密着させて、脇に向かって押し、流します。ひじから押し始め、二の腕を3カ所くらいに分けて押し動かしたら、最後に脇の下をしっかり押します。指を密着させたままひじから脇の下までしっかりさすり上げるのがポイントです。

二の腕が太いのは冷えてセルライトが溜まり、その上にさらに脂肪が重なることで起こります。
タプタプした振袖二の腕は、脇と肩甲骨まわりの筋肉（小円筋・大円筋）が硬く縮まっている証拠。
たるみのない引き締まった二の腕は筋トレではなく、筋肉ケアから！

（ 1→2を左右行う ）

2.

脇の下に親指を入れて人差し指・中指ではさみ押す

脇の下に親指を入れて人差し指・中指ではさみます。しっかりはさんだらひじを曲げ、腕を下ろします。腕の重さを利用してしっかり深部まで効かせて。腕をブラブラさせると効果がアップします！

PARTS 8

ヒップアップする

1.

太ももの後ろをしっかり押し上げる

太ももの中心よりやや下の部分からヒップまで親指とその他の指ではさみ込むように密着させて押し、さすり上げます。指の凹凸のおかげで脚に溜まった水分や老廃物をしっかりキャッチし、血流を促進してくれます。指の動きを小刻みにするなど工夫しながら行うと理想通りのヒップメイクができるようになります。

太もものケアでヒップのラインを整えると後ろ姿がぐっと美しくなります。
冷えや座りっぱなし、姿勢の乱れ、歩き方のクセなどでヒップラインは崩れがち。
特に冷えでお尻が冷たい！　なんてことも。血液の循環を良くして柔らかヒップを作りましょう！

（ 1→2を左右行う ）

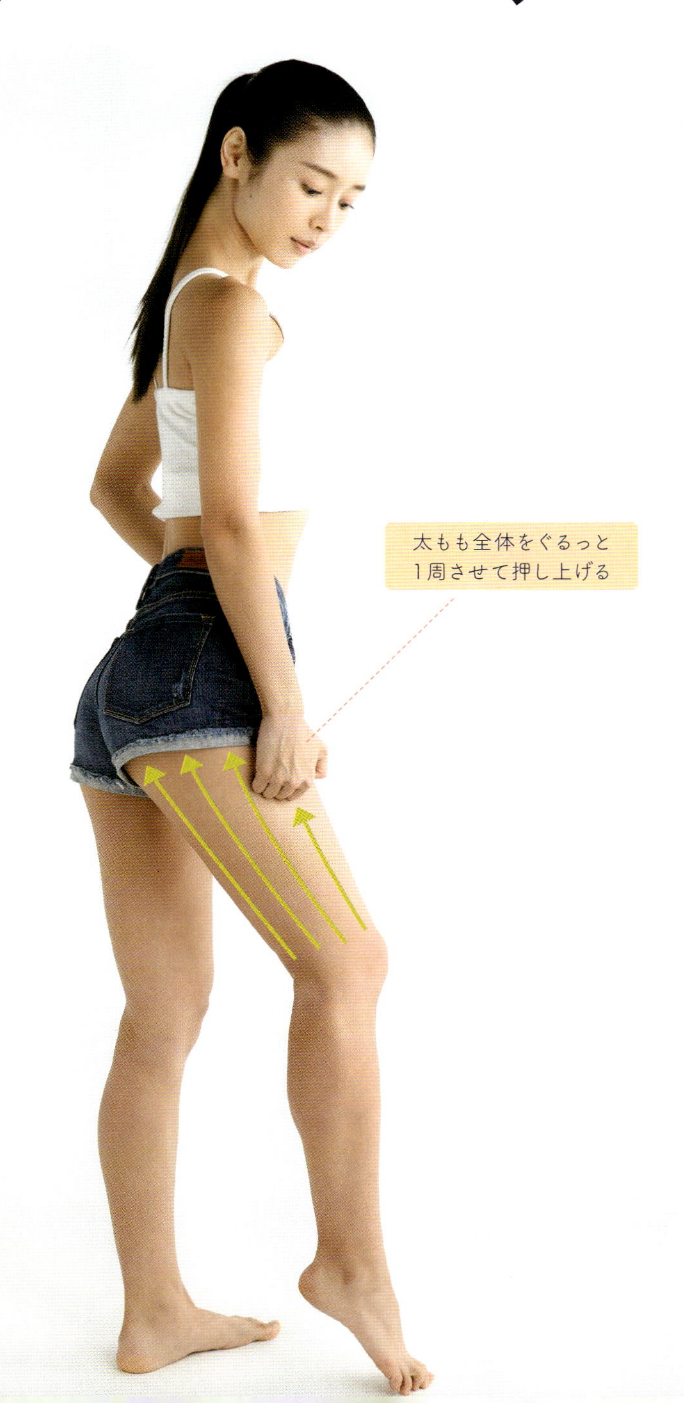

2.

第二関節を使って脚から続くヒップラインを作る

第二関節で太もも全体を下から上にしっかり押し上げます。脂肪を集め、ヒップに運ぶようなイメージで行いましょう。お尻と太ももの境目のラインがなめらかになりますので美尻効果大です。

PARTS 9

太ももを細くする

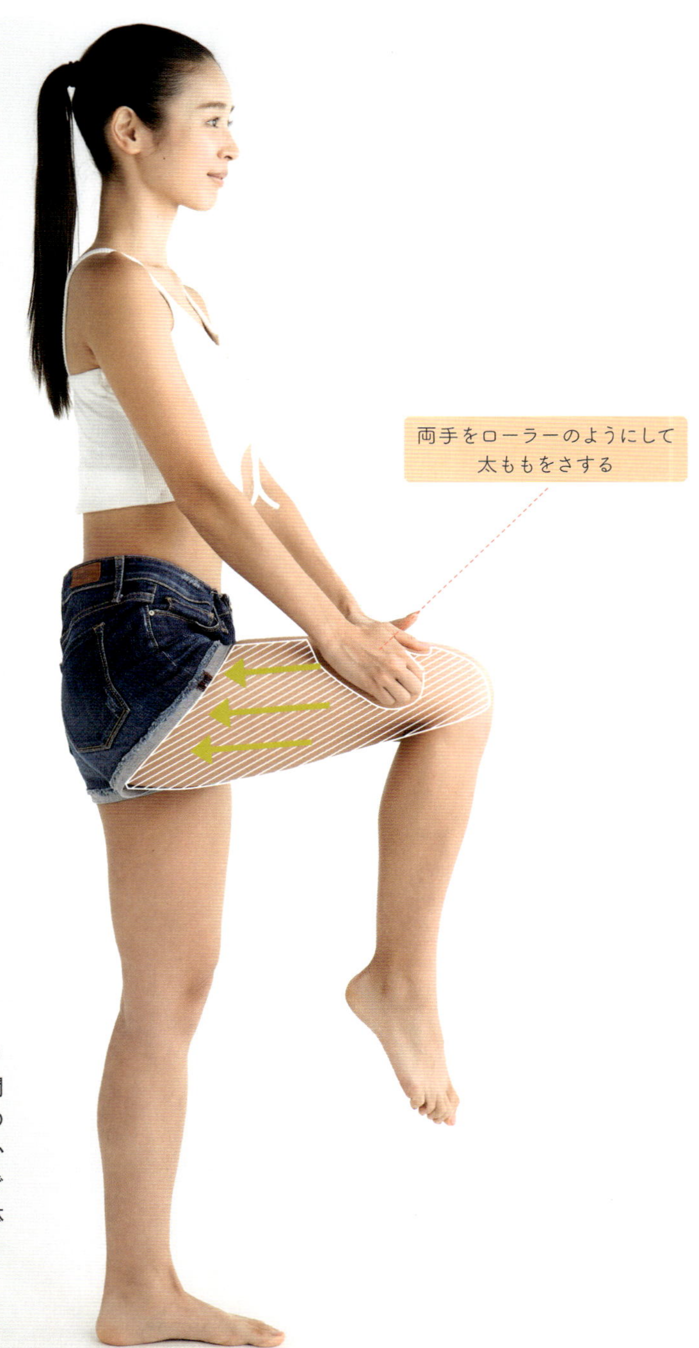

1.

第二関節、第一関節を使って太ももの冷えを解消

太ももの中でも一番老廃物が溜まりやすいひざの上。脚を上げ、第二関節、第一関節を使ってローラーのように刺激しましょう。指をしっかり皮膚に密着させるのがポイントです。ひざ上を念入りに、太もも全体もていねいにさすりましょう。

太ももは案外冷えています。ひざの上が冷えていると太ももはなかなか細くなりません。
太ももの老廃物は脚の付け根のリンパ（鼠径リンパ節）に流すのですが、
冷えの原因でもあるセルライトを流すのも脚の付け根のリンパ。だったら一気に流しちゃいましょう！

（ 1→2を左右行う ）

2.

親指と人差し指のVで脚の付け根にしっかり流し入れる

脚の付け根にあるリンパ（鼠径リンパ節）を親指でしっかり開き、太もも全体をさすり上げ、老廃物を流し込みます。太もも全体をさすり上げるときには親指と人差し指を開いてできる「V」部分を使うとくまなく流すことができます。

ふくらはぎのむくみを取る PARTS 10

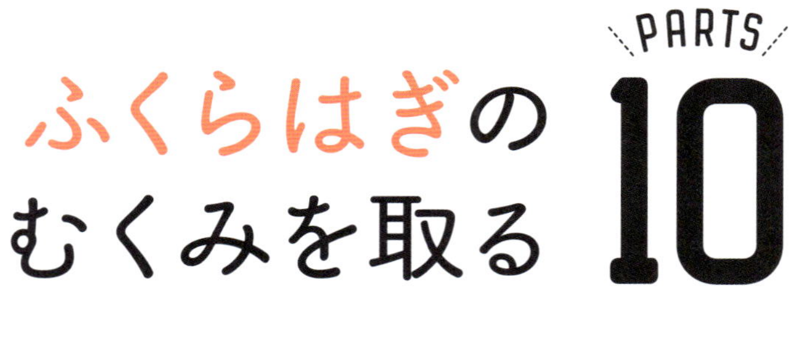

1.

ふくらはぎの裏、アキレス腱からひざの裏を柔らかく！

親指と人差し指でふくらはぎの中心を押し、アキレス腱からひざの裏までゆるめましょう。ふくらはぎの筋肉が柔軟になると血液の循環がとても良くなり、足先に溜まった水分や老廃物も排泄しやすくなります。

ふくらはぎは第2の心臓といわれます。ふくらはぎの筋肉が柔軟性を持っていれば
全身に巡る血流も断然UPします。ふくらはぎの筋肉の機能を高めるために
ふくらはぎに溜まった水分や疲労物質を取り除きましょう！

（ 1→2を左右行う ）

2.

脚の内側の血管（静脈）を刺激し、流れる道を作る

脚の内側に親指の腹をあて、他の指とはさむようにくるぶしの真上からひざの上まで押しながら引き上げます。脚の内側には脚に溜まった水分や老廃物を流すために必要な太い血管（静脈）があり、リンパ管もあるので流れる道をしっかり作り、詰まりのない脚を定着させましょう。

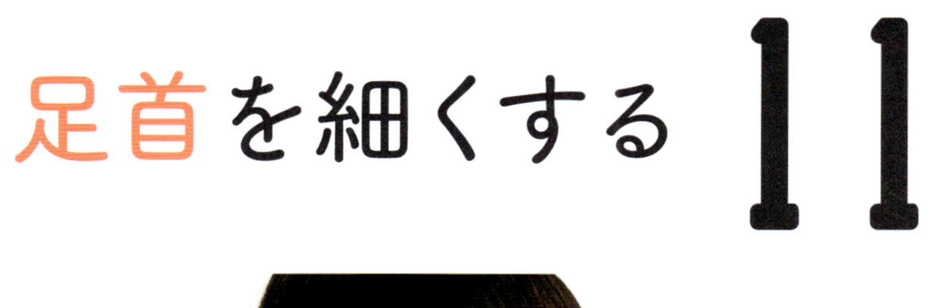

1.

かかとを親指と人差し指ではさみ、老廃物をつぶす

かかとを親指と人差し指ではさみ、ゴリゴリした老廃物をつぶします。かかとの内側と外側をしっかり押したら、くるぶしまわりの老廃物をつぶし流しましょう。

老廃物をつぶして
かかとまわりを柔らかくする

足首は重力の影響を多く受けるパーツ。足首を回すのは、
もちろんのこと、老廃物が溜まって万年むくんでいるくるぶしまわりを押し流しましょう。
足首が柔軟になると脚のむくみが解消され、脚全体がスッキリ細くなります。

（ 1→2を左右行う ）

2.

第二関節で足に溜まった老廃物を搔き出し流す

足の甲の骨の間の老廃物を搔き出し、足首まで押し流します。足の指の付け根あたりから第二関節の凹凸をしっかりあてて足首に向かって動かします。特に足の指の付け根から足の甲の骨はていねいに！痛いということは老廃物が溜まっている証拠です。

PARTS 12

ゾウ足から脱却する

1.

足の指と手の指をしっかり組み握手する

足の指と手の指をしっかり組み、握手します。まずは指の付け根までしっかり指を入れ込むことを意識しましょう。手の指と足の指に力を入れて何度もニギニギと動かして握手します。足の指も手の指もスムーズに動かせるようにすると冷えも解消できます。

グッと握手したまま
ニギニギと動かす

足がむくんでゾウのような足になっている人は足に原因があります。足をいま一度見直しましょう。
足の指・足の裏の筋肉が使えていないと足の甲・足首に水分が溜まり、冷えも増長しどんどん太くなってしまうのです。
足の指からしっかり血流を元に戻してあげましょう。

（ 1→2を左右行う ）

2.

足の指と手の指を組んだまま さらに刺激する

つま先を少し上げ、足の指と手の指を組んだまま足の指を反らせて10秒程度キープ。次に組んでいる手と足が離れないよう足の指にしっかり力を入れましょう。手の指を開き、組んでいる足から手を抜くように5秒程度引っ張ります。足全体がポッとあたたかくなるはず。

足の指を反らせたままキープ

EPILOGUE

憧れの美しいバランスを手に入れたあなたへ

みなさん、最後まで読んでくださりありがとうございます。

かつて私が太っていた頃、美脚に憧れ、小顔に憧れ、自己流でいろいろなダイエット、美容法を試し、幾度となく失敗をしてきました。そんな私が今このような本を出版させていただいているというのはとても不思議な思いです。

でもそれらの経験をしてきたからこそ、いろいろな方法やアプローチの仕方を編み出せたように思います。

特に今回紹介する「久式小顔マッサージ」は、何をしても顔だけはやせられず、諦めていた私が誰からも「小顔ですね!」と言われようになったメソッドです。まずは1週間、この本をしっかり見ながらセルフケアをていねいに続けてみてください。必ず日に日に変化を感じられることでしょう。

私は「リンパドレナージュ」を元に解剖学・人体学を学び、独自のボディメンテナンスメソッドを確立し、サロンを開業して今年8月で10年になります。22000人以上を小顔にしてきたメソッドを開業10年の節目に出版できたことをとても嬉しく思っています。

この本は私の著書としては8冊目になります。宝島社エディターの小寺さんをはじめ、制作に携わってくださったスタッフの皆様、素敵な宝物がもう1冊増えました。本当にありがとうございます。また開業当初からサロンに通ってくださっているお客様、私の活動を応援してくださる方々、そしていつも優しく見守ってくれる母と姉(執筆中いい子にしてくれていた愛犬オニー)、最愛の亡き父に心から感謝いたします。

2018年11月　久　優子

久 優子

ボディメンテナンスセラピスト
美脚トレーナー
ボディメンテナンスサロン
「美・Conscious～カラダ職人～」代表

1974年生まれ。脚のパーツモデルを経て、ホリスティック医学の第一人者である帯津良一医師に師事。予防医学健康美協会・日本リンパセラピスト協会・日本痩身医学協会で認定を受け講師としても活動。その後もさまざまな分野で独自のボディメンテナンスメソッドを確立。マイナス15kgのダイエットに成功した経験を生かし、「足首」のケアをもとに「足首から関節を柔らかくすることから身体を整える」美メソッドを考案。サロンは開業当時から完全紹介制。美脚作りはもちろん、身体のバランスを整える駆け込みサロンとして有名人のファンも多い。著書に『1日3分！ 足首まわしで下半身がみるみるヤセる』（PHP研究所）、『脚からみるみるやせる2週間レシピ』『1週間で「やせグセ」がつく自己管理メソッド』『ハイヒールをはいても脚が痛くならないカラダのつくり方』『押したら、ヤセた。』『やせたいところから最速でやせる！ 久式リンパマッサージ』（すべて宝島社）などがある。

http://www.yhbody.com
https://ameblo.jp/yhbody

[スタッフ]

モデル　加治ひとみ
撮影　吉岡真理
スタイリング　山本悦子
ヘアメイク　岡田知子[TRON]
イラスト　アオノミサコ
装丁・デザイン　月足智子
編集　小寺智子

衣装／すべてスタイリスト私物

1日1分で顔のかたちまで変える！
奇跡の小顔マッサージ 1週間レシピ

2018年12月8日 第1刷発行
著者　久 優子
発行人　蓮見清一
発行所　株式会社 宝島社
〒102-8388
東京都千代田区一番町25番地
編集：03-3239-0926
営業：03-3234-4621
https://tkj.jp
印刷・製本　日経印刷株式会社

ISBN978-4-8002-8960-5